나의 부모님께,
공생을 연구하고 실천해 온 우리의 선조들에게,
그리고 앞으로 공생을 발전시켜 나갈 후손들에게 이 책을 바칩니다.

원고를 검토하고 조언을 아끼지 않은 다음의 과학자들에게도 감사의 마음을 전합니다.
람자이스 블라트릭스, 니콜라 보마르, 리샤르 코르도, 이자벨 다조, 알랭 다네,
조엘 도레, 콜랭 퐁텐, 필립 히브, 니콜라 로외이유, 퓌리피카시옹 로페즈, 수잔 밀스,
토마 프라되, 메릴린 J. 루싱크, 베르트랑 샤츠, 마르크 앙드레 슬로스.

생태계 공생의 법칙

일러두기

- 나라 이름과 동물, 식물 이름 등 모든 한글과 외래어 표기는 국립 국어원 편찬 《표준국어대사전》을 우선으로 따랐습니다.
- 《표준국어대사전》에 등재되지 않은 경우 국립 국어원의 〈외래어 표기 용례집〉의 용례를 따르되, 두산백과사전 두피디아와 브리태니커 백과사전 등을 참조했습니다.
- 우리말 이름이 없는 동식물과 미생물의 이름은, 그 특성을 잘 담고 있는 현지 이름이나 속명을 표기하고 그 풀이를 함께 실었습니다.

풀과바람 지식나무 47

생태계 공생의 법칙
LA LOI DE L'ENTRAIDE

1판 1쇄 | 2021년 9월 15일
1판 2쇄 | 2022년 10월 5일

글 | 클레르 르쾨브르
그림 | 시몽 바이
옮김 | 김보희

펴낸이 | 박현진
펴낸곳 | (주)풀과바람
주소 | 경기도 파주시 회동길 329(서패동, 파주출판도시)
전화 | 031) 955-9655~6
팩스 | 031) 955-9657
출판등록 | 2000년 4월 24일 제20-328호
블로그 | blog.naver.com/grassandwind
이메일 | grassandwind@hanmail.net

편집 | 이영란
마케팅 | 이승민

값 11,000원
ISBN 978-89-8389-903-3 73470

LA LOI DE L'ENTRAIDE
written by Claire Lecoeuvre and illustrated
by Simon Bailly
Copyright ⓒ Actes Sud, France, 2020

All rights reserved.
Korean translation rights ⓒ Grassandwind Publishing
Co., Ltd 2021
This Korean translation edition was published by
arrangement with
Actes Sud through THE Agency, Korea

이 책의 한국어판 저작권은 더에이전시를 통해 Actes Sud와의 독점 계약으로
(주)풀과바람이 소유합니다.
신 저작권법에 의해 한국 내에서 보호를 받는 저작물이므로
무단 전재와 복제를 금합니다.

※잘못 만들어진 책은 구입처에서 바꾸어 드립니다.

제품명 생태계 공생의 법칙 | 제조자명 (주)풀과바람 | 제조국명 대한민국
전화번호 031)955-9655~6 | 주소 경기도 파주시 회동길 329
제조년월 2022년 10월 5일 | 사용 연령 8세 이상
KC마크는 이 제품이 공통안전기준에 적합하였음을 의미합니다.

⚠ 주의
어린이가 책 모서리에
다치지 않게 주의하세요.

생태계 공생의 법칙

클레르 르쾨브르·글 | 시몽 바이·그림 | 김보희·옮김

풀과바람

차례

- 들어가며   p. 6
- 청소부가 된 동물들   p. 9
- 최고의 은신처   p. 10
- 식물에게는 배달부가 필요해   p. 15
- 먹이를 위한 동맹   p. 20
- 뭉치면 힘이 된다   p. 22
- 주거니 받거니   p. 27

- 함께해야 살 수 있는 관계　　　　　　　　　p. 28
- 식물들의 보이지 않는 세계　　　　　　　　p. 32
- 박테리아의 삶　　　　　　　　　　　　　　p. 37
- 착한 바이러스가 있다?　　　　　　　　　　p. 40
- 대가 없이 주는 도움　　　　　　　　　　　p. 43
- 대대로 전해진 공생의 법칙　　　　　　　　p. 47

생태계 공생 관련 상식 퀴즈　　　　　　　　p. 52
생태계 공생 관련 단어 풀이　　　　　　　　p. 54

들어가며

모든 생물은 지구가 처음 생겨나던 그 순간부터 함께 어울려 살아왔어요. 생물들은 서로 돕거나 보호해 주기도 하지만, 먹고 먹히기도 하죠.
자연을 관찰하는 사람들은 오래전부터 생물들이 서로 어떤 영향을 끼치는지 궁금해했어요.

생존을 위한 싸움

찰스 다윈은 세상에서 가장 유명한 생물학자예요. 다윈은 1859년 《종(種)의 기원》이라는 책을 통해 '자연 선택설'을 설명했어요. 모든 생물은 서로 다른 특성이 있으며, 그중에는 다른 생물보다 생존과 번식에 유리한 특성들이 있죠. 부모는 자녀에게 그 특성을 물려줄 수 있어요. 세대를 거듭할수록 그런 특성을 점점 더 많은 개체가 물려받게 되죠. 그러므로 시간이 지나고 나면 같은 종 대부분이 그 특성을 지니게 된다는 거예요.

다윈은 태평양 한복판에 있는 갈라파고스 제도에서 '핀치'라는 작은 새들을 관찰했어요. 갈라파고스 제도에는 여러 섬이 있는데, 섬마다 핀치의 생김새가 달랐어요. 어떤 섬의 핀치들은 부리가 컸고, 또 어떤 섬의 핀치들은 부리가 작았죠. 다윈은 핀치의 부리가 다양해진 까닭이 자연 선택 때문이라고 생각했어요.

커다란 열매가 달리는 나무에 사는 핀치들을 상상해 봐요. 핀치들이 모두 똑같이 생겼을 리 없겠죠. 큰 부리를 가진 핀치도 있고, 작은 부리를 가진 핀치도 있어요. 그런데 부리가 클수록 더 쉽게 커다란 열매를 먹을 수 있으므로 부리가 큰 핀치들이 다른 핀치들보다 더 많이 살아남을 거예요. 새끼도 더 많이 낳고요. 그 후손들은 큰 부리를 물려받게 되고, 그들은 더 잘 살아남아 많은 자손을 낳고 번성할 거예요. 그렇게 세대가 거듭되면 섬에는 결국 큰 부리를 가진 핀치가 많아질 수밖에 없는 거죠.

자연 속 생물들은 저마다 고유한 특성이 있어요. 만약 그것이 생존에 도움이 된다면 점점 같은 종 대부분에 퍼지게 돼요. 반면 환경에 알맞지 않은 특성이 있는 개체는 쉽게 죽거나 번식이 어려워요. 다윈은 먹을 것이 한정되어 있으므로 모든 생물은 생존을 위해 다툰다고 생각했어요. 서로 먹이를 차지하기 위해, 천적에게 잡아먹히지 않으려고 경쟁한다는 거죠.

다윈의 연구는 과학계에 혁명을 일으켰고, 사람들의 관점도 바꿔놓았어요. 어떤 사람들은 그 이론을 인간 사회에도 적용하길 바랐고, 도식화하기도 했어요. 모든 생물이 생존을 위해 싸워야 한다는 걸 더욱 강조하고 싶었거든요. 그러면 경쟁은 당연한 것이 돼요.

　단순해진 이론은 불평등한 사회를 정당화하는 데 쓰였어요. 소수의 사람이 어마어마한 부를 쌓는 동안 수많은 사람은 불행 속에서 살아가야 한다는 걸 당연시 하는 거죠. 그럼 경쟁은 어디에나 존재해요. 아이들은 학교에서, 어른들은 직장에서 경쟁해야 하고, 경제, 게임, 인생관 등 일상 어디서든 경쟁을 피할 수가 없어져요.

더 나은 삶을 위한 공생

　하지만 다윈은 또 다른 관계에 관해서도 이야기했어요. 그는 제비꽃 같은 식물이 번식하려면 반드시 꿀벌 같은 곤충의 도움이 필요하다는 사실을 발견했어요. 식물과 곤충은 경쟁이 아니라 협력하는 거죠. 다윈과 같은 시대에 활동한 러시아의 생물학자 표트르 크로폿킨은 시베리아에서 많은 동물이 서로 돕는 모습을 관찰했어요. 그래서 그는 공동생활에서 서로 돕는 일, 즉 '상호 부조'가 생존 경쟁보다 더 필요하다고 생각했어요.

　그 뒤 많은 학자가 자연 속 공생 관계에 대해 연구했어요. 실제로 수많은 사례가 발견됐죠. 특히 다른 생물들이 서로 이익을 주고받으면서 살아가는 관계를 '상리 공생'이라고 불러요. 그런 공생이 계속 존재하고 지구 전체에 널리 퍼져 있는 까닭은 두 생물 모두에 이익을 주기 때문이죠. 이 또한 자연 선택된 결과입니다.

　다른 생물을 보호하고 그 대가로 식량을 얻는 것은 때론 힘들지만 어쨌든 서로에게 이익을 주는 유익한 행위예요. 포식자에 맞서 여러 동물이 힘을 합치는 것도 마찬가지고요. 인간은 이런 협력 관계가 너무 많아 서로 돕는 걸 당연하게 느끼기도 하고, 남에게 도움을 베풀며 기쁨을 느끼기도 해요. 이러한 긍정적인 관계는 수많은 생물의 생존을 위해 꼭 필요해요. 그런데도 생태계 공생에 관해서는 아직도 잘 알려지지 않았어요. 심지어 과학자들도 모르는 것이 많아요. 자, 이제 자세히 살펴볼까요?

청소부가 된 동물들

자기보다도 훨씬 더 큰 동물의 몸에 붙어서 기생충이나 거머리 등을 치워 주는 동물들이 있어요. 이런 동물들은 숙주의 몸을 청소해 주고 병에 걸리지 않도록 도와주는 역할을 해요. 하지만 이런 균형이 항상 잘 유지되는 건 아니에요.

바닷속 청소 구역

물고기들은 가끔 몸을 구석구석 청소해야 해요. **청소새우**는 더듬이를 이리저리 흔들면서 **곰치**나 **농어**와 같은 청소가 필요한 큰 물고기들을 불러들여요. 큰 물고기가 다가오면 대대적인 청소 서비스가 시작되죠. 청소새우는 물고기의 입이나 비늘 등에 붙어 있는 기생충을 깨끗하게 먹어 치워 줘요.

어떤 새우들은 **예쁜이해면**과 같은 커다란 해면 속에서 살기도 해요. 새우들은 해면의 구석구석을 꼼꼼하게 청소해요. 해면은 새우 덕분에 깨끗해지고, 새우는 해면에서 나온 찌꺼기들을 배불리 먹을 수 있답니다.

살아 있는 칫솔과 공짜 마사지

조그만 물고기가 겁도 없이 커다란 물고기의 입 속을 왔다 갔다 하는 건 정말 신기한 모습이에요! 커다란 물고기들은 **청소놀래기**나 **망둑어** 같은 작은 물고기들이 입 안을 돌아다녀도 그대로 내버려 둬요. 작은 물고기들이 기생충을 먹어 치워 주기 때문이에요. 큰 물고기에게는 청소 시간이, 작은 물고기에게는 식사 시간이 되는 셈이죠. 인도양이나 태평양의 산호초 지역에서는 **선무늬양쥐돔**과 같은 물고기들이 몸을 청소하기 위해 틈틈이 **청줄청소놀래기**를 찾아가는 모습도 볼 수 있어요.

청소 시작 전, 놀래기는 먼저 지느러미로 큰 물고기의 몸을 두드리며 마사지해 줘요. 기분을 좋게 하고, 청소할 때 몸을 물어뜯는 일이 생기더라도 쉽게 화해하기 위해서죠. 큰 물고기들의 표면에는 몸을 보호하기 위한 점액질이 있는데, 놀래기는 바로 이 점액질을 정말 좋아하거든요. 그래서 청소하러 온 큰 물고기의 몸을 군데군데 물어뜯기도 한답니다.

하지만 너무 많이 물어뜯으면 큰 물고기가 다시는 놀래기를 찾지 않을 거예요. 그러니 먹이를 계속 얻으려면 손님 물고기들과 좋은 관계를 유지해야 해요. 때로는 우두머리 놀래기가 다른 놀래기들이 손님 물고기를 너무 많이 물어뜯지는 않는지 확인하기도 한답니다.

청소부들은 늘 열심히 일해요. 하루에 2천 마리가 넘는 물고기들을 청소할 정도예요. 큰 물고기들도 씻는 걸 즐겨서 어떤 물고기들은 하루에도 몇 번씩 청소 받으러 오기도 해요.

최고의 **은신처**

안락한 은신처에 머문 채로 먹이를 구할 수 있다면 얼마나 편할까요? 어떤 생물들은 다른 동물의 편안한 은신처가 되기도 해요.

나무 안에 지은 집

어떤 **개미**들은 식물 속에 집을 짓고 먹이를 얻기도 해요. 이런 개미는 남아메리카, 아시아, 아프리카 등 전 세계 곳곳에서 진화해 왔어요. 특히 개미를 위해 먹이를 준비해 두는 식물도 있는데, 그중에서도 **아카시아**는 줄기 끝부분에 영양분이 풍부한 노란 덩어리를 만든답니다. 그러면 여왕개미가 나무로 찾아와서 속이 빈 가시나 나무껍질 안쪽에 정착해 살아요.

여왕개미가 정착지에서 낳는 개미들은 모든 공격으로부터 나무를 보호해요. 아주 강력한 독으로 다른 곤충들이 나무에 접근하지 못하게 하고, 주변 잡초도 제거해 주지요. 그런데 이런 보호가 성가실 때도 있어요. 개미들이 나무의 번식을 도와주는 곤충조차도 가까이 오지 못하게 만들고, 꽃들을 망가뜨리기도 하거든요.

그래서 기아나에서 자라는 **히르텔라 나무**는 해결책을 찾아냈어요. 나무에 사는 **알로메루스 개미**가 너무 많은 꽃을 망가뜨릴 때면 자그마한 잎으로 순을 만들어 개미들이 그 안에서만 머물도록 해요.

개미들은 **버섯(균류)**과도 끈끈한 관계를 유지해요. 개미는 먹이 사냥을 위해 자기가 사는 숙주 식물의 털을 이용해 일종의 덫을 만들어요. 곳곳에 구멍이 뚫린, 터널 같은 덫에 먹잇감이 걸리게 하는 거죠. 덫이 만들어지면 버섯은 자리를 잡고 덫 전체로 퍼져 양분을 얻어요. 대신 덫을 더욱 튼튼하게 하죠.

착한 식충 식물들

식충 식물은 곤충을 잡아 영양분을 섭취하는 식물이에요. 그런데 어떤 식충 식물은 훨씬 더 쉬운 방법으로 먹이를 구하기도 해요. 보르네오섬에는 **박쥐**가 묵어갈 수 있는 식충 식물이 있답니다! **하드윅양털박쥐**는 잎이 둥글게 말린 기다란 통 모양 식충 식물 안으로 날아 들어가 조용히 잠을 청하곤 해요. 박쥐들은 이 안락한 통 안에서 낮잠을 자면서 배설물을 남기고, 식물들은 이 배설물을 통해 많은 영양분을 얻는 거예요.

움직이는 집이 된 거북

붉은바다거북은 바다로 나가기 전까지 수년 동안 바닷가에서 머무르곤 해요. 이때 작은 **게**들이 찾아와 거북을 집으로 삼아요. 손가락보다도 작은 이 게들은 거북의 꼬리 부분으로 가서 등딱지 아래에 자리 잡아요. 보통 게들은 헤엄을 잘 치지 않기 때문에 거북에게 붙어 있어야 바닷물에 떠다니는 해조류나 작은 바다 생물들을 쉽게 먹을 수 있어요. 게다가 거북이 찾아낸 먹이를 같이 나눠 먹거나 남은 먹이를 가로채기도 하고, 거북의 배설물을 통해 영양분을 얻기도 해요. 아늑한 집에서 쉬면서 먹이를 구할 수 있다니, 정말 편하겠어요!

식물에게는
배달부가 필요해

꽃을 피우는 식물에게는 번식을 위해 동물, 특히 곤충이 필요해요. 그래서 풍부한 영양분이나 황홀한 향기로 번식을 도와줄 동물을 유혹해요. 어디서든 쉽게 찾아볼 수 있는 이러한 관계는 서로 이익을 주고받는 상리 공생의 모습을 보여 주지요.

도움을 주러 날아온 벌

봄이 오면 갖가지 꽃이 피어 아름다운 빛깔과 향기를 뿜내요. 그러면 **꿀벌**이나 파리와 같은 수많은 곤충이 꽃 주변을 맴돌아요. 여기에는 곤충과 식물 모두에 도움이 되는 신비로운 전략이 숨어 있어요.

꽃은 곤충을 유인하기 위해 꿀을 만들고, 곤충은 꽃으로 날아가 꿀을 먹어요. 그사이 곤충의 등과 다리에는 꽃가루가 묻고, 곤충이 여기저기 날아다니며 열심히 꿀을 모을 때 몸에 묻어 있던 꽃가루가 다른 꽃 위로 떨어져요. 이것을 '꽃가루받이(수분)'라고 해요. 꽃 수술의 꽃가루가 다른 꽃 암술머리에 옮겨 붙으면 열매가 맺히고, 열매는 또다시 새로운 식물이 되어 자라요.

친할수록 닮는 법

곤충 중에는 코끼리 코처럼 입이 기다란 곤충이 있어요. **크산토판박각시나방**의 입은 15센티미터 정도로 아주 길어요. 입이 몸길이보다 서너 배나 더 길죠. 이 나방은 기다란 입을 대체 어디에 쓰는 걸까요?

꿀을 먹는 데 써요! 마다가스카르에 있는 **앙그라이쿰 세스퀴페달레** 난초는 12센티미터 길이의 기다란 관 안쪽에 달콤한 꿀을 숨겨요. 입이 아주 긴 곤충만 이 꿀을 먹을 수 있죠. 그래서 앙그라이쿰 세스퀴페달레는 오로지 크산토판박각시나방을 통해서만 수분할 수 있어요. 공생 관계의 다른 동식물들처럼 이 난초와 나방도 오랫동안 특별한 관계를 유지해 온 셈이에요. 함께 자라며 서로 닮아간 거죠.

소중한 기름방울

벌들이 꼭 먹을 것 때문에 꽃을 찾는 건 아니에요. **리시마키아** 꽃에서는 꿀이 아닌 기름이 나와요. **마크로피스** 작은 벌들은 바로 이 리시마키아의 기름을 모으러 다니죠. 어린 애벌레들을 보호할 집을 만드는 데, 이 기름이 필요하기 때문이에요.

이 벌들은 땅속을 기다란 형태로 파고 바닥에 털이나 꽃잎과 함께 기름을 깔아요. 그러고는 식물의 꽃가루들을 뿌려 층을 만들고 그 위에 알을 낳아 애벌레를 기르죠. 마크로피스 벌은 항상 리시마키아 주변을 맴돌곤 해요. 리시마키아도 벌이 있어야 쉽게 번식할 수 있기 때문에 마크로피스를 유인하기 위한 독특한 향기를 풍겨요.

오랜 친구 사이

곤충들은 아주 오랜 옛날부터 식물 주변을 맴돌며 살아왔어요. **밑들이**로 불리는 곤충은 소나뭇과 식물을 수분해 주다가 화석이 되어 버리기도 했죠. 결국 꽃을 맺지는 못했겠죠. 이 화석은 무려 2억 년 전의 것으로, 공룡이 멸종한 시기보다도 세 배나 앞선 일이에요.

흔들리는 균형

식물이 특정 곤충을 통해 번식하는 건 조건만 맞으면 좋은 전략이에요. 하지만 환경이 바뀌면 균형은 쉽게 무너져요. 실제 곤충과 식물의 관계도 기후 변화에 많은 영향을 받았어요. 예를 들어 온난화 탓에 곤충이 예전보다 더 빨리 활동을 시작하면서 곤충이 자주 찾던 꽃에는 아무도 찾아오지 않았어요. 더욱이 합성 살충제 사용이 늘어나면서 생태계가 파괴되어 많은 곤충이 죽고 말았죠.

수분을 도와주는 곤충들이 점점 사라지자 곤충의 도움 없이 수분할 수 있는 식물들이 더 쉽게 생존하게 됐어요. 또한 특정 곤충을 통해서 수분하는 식물보다는 다양한 곤충을 통해 수분하는 식물들이 많아졌죠. 앞으로도 그런 식물들이 더 많아질 테고, 식물과 동물의 교류는 더욱 줄어들 거예요.

동물을 부르는 꽃

레위니옹섬에는 **트로케티아** 나무가 자라요. 트로케티아 나무에는 새하얀 꽃이 열리는데, 이 꽃에는 곤충만 찾아오는 게 아니에요. **데이게코** 도마뱀이나 **동박새** 같은 동물들도 트로케티아 꽃의 꿀을 먹으러 온답니다. 척추동물이 식물의 번식을 도울 수 있다는 증거예요.

열매와 씨앗을 먹는 동물들

식물은 우리와 달리 걸어서 움직일 수 없어요. 그래서 식물들은 터전을 옮기려 할 때 다양한 방법을 사용해요. 이때 동물들이 중요한 역할을 하죠.

어떤 나무는 달콤한 열매로 유혹해요. 인간은 물론 곰, 여우, 새 등 여러 동물이 열매를 맛보게 하는 거예요. 동물 배로 들어간 열매는 소화되고, 열매 속 씨는 동물의 소화 기관을 거치면서 배설물에 섞여 땅에 묻혀요. 이런 소화 과정은 꼭 필요해요. 소화액 덕분에 씨앗의 보호막이 벗겨지면서 땅에서 쉽게 싹이 트거든요.

놀라운 개미들

자, 다시 **개미** 이야기를 할게요. 개미들은 식물의 정말 든든한 친구예요. 개미와 식물들은 전 세계 곳곳에서 함께 진화해 왔어요. 특히 개미는 식물의 씨앗을 멀리 퍼뜨리는 데도 중대한 역할을 해요.

제비꽃과 같이 우리 주변에서 쉽게 볼 수 있는 식물의 씨앗에는 기름 덩어리가 붙어 있어요. 이 기름 덩어리는 사실 식물에게는 아무런 도움이 되지 않지만, **고동털개미**에게는 정말 좋은 영양분이랍니다. 개미들은 이 씨앗을 집으로 가져가서 기름만 먹고 나머지는 집 밖에 버려요. 그러면 버려진 씨앗에서 싹이 나죠. 식물들은 개미 덕분에 번식할 수 있는 거예요.

먹이를 위한 **동맹**

먹이를 찾는 일이 항상 쉬운 건 아니에요. 그래서 어떤 생물들은 서로 도와요.

꿀을 위한 협력

인간은 꿀을 아주 좋아해요. 그런데 모잠비크에 사는 야오족 사람들은 **큰꿀잡이새**와 꿀을 나누어 먹곤 해요. 야오족 사람들은 꿀을 채집하러 갈 때 독특한 소리로 큰꿀잡이새를 불러들여요. 그 소리를 들은 큰꿀잡이새는 벌집을 찾은 다음 사람들에게 길을 안내해요. 큰 소리로 지저귀거나 나무와 나무 사이로 날갯짓하면서요. 야오족 사람들은 벌집에서 꿀만 긁어낸 뒤 새가 먹을 수 있도록 벌집은 그대로 두어요.

먼 옛날에는 많은 야생 동물이 인간과 공생 관계를 유지하고 살았지만, 오늘날에는 그 예가 많지 않아요. 인간과 함께 진화해 온 동물 대부분이 가축이 되었으니까요. 늑대의 후손인 개도 그런 동물 중 하나예요.

비버와 버드나무

버드나무와 **비버**의 관계는 사실 잘 알려지지 않았어요. 비버는 나무줄기를 잘라 먹기도 하고 댐을 만들어 집을 짓기도 해요. 그러면 주변에는 아무것도 없는 습지가 생겨나요. 버드나무가 싹을 틔우고 자라나기에 완벽한 조건을 갖춘 환경이죠. 비버가 껍질을 자르고 깎아 주는 덕분에 버드나무는 더 빨리 풍성하게 자랄 수 있어요. 또한 비버가 정기적으로 이동하기 때문에 버드나무는 충분히 자랄 수 있는 시간을 가져요.

함께 먹는 친구들

어떤 동물들은 다른 동물의 사체를 먹기도 해요. 이들의 사체 청소는 자연환경에 큰 도움이 되고, 서로에게도 도움이 돼요. **까마귀**는 동물 사체를 발견하면 하늘을 날며 그 주위를 빙글빙글 돌아요. 그러면 북아메리카에 사는 코요테 같은 동물이나 독수리, 말똥가리와 같은 맹금류가 주변으로 모여들죠.

까마귀는 맹금류처럼 부리가 날카롭지 않아 동물의 가죽을 찢을 수 없어요. 그래서 북아메리카의 **검독수리**나 **흰머리수리** 같은 새들이 까마귀가 더 많은 고기를 먹을 수 있도록 도와줘요.

뭉치면 힘이 된다

여러 동물이 한데 모여 지내는 건 번식에도, 새끼들을 보호하는 데도 큰 도움이 돼요. 그래서 많은 동물이 무리를 지어 살아가요. 같은 종끼리 협력하는 거죠.

하늘에서 펼쳐지는 서커스

예술가처럼 공연을 펼치는 새가 있어요. 파나마 지역에 사는 수컷 **마나킨**은 암컷을 유혹하기 위해 화려한 무대를 준비해요. 두 마리 수컷이 함께 팀을 이루어 암컷 앞으로 다가가 날개를 파닥이며 마치 바퀴가 굴러가듯 앞다퉈 서로의 위로 계속 뛰어올라요. 놀랍게도 암컷은 둘 중 한 마리만 선택해 짝짓기해요. 그리고 5년이 지나면 두 번째 수컷이 우세해져 차례로 짝짓기할 수 있어요. 마나킨의 수명은 약 17년이므로 시간이 부족하지 않아요.

새들을 위한 숙소

어떤 새는 천재적인 건축가예요. 거대한 둥지를 짓는 것으로 유명한 **집단베짜기새**는 동물 무리가 서로 협동하는 모습을 잘 보여 줘요. 베짜기새들은 번식기에 암컷들이 편안하게 지낼 커다란 둥지를 여러 마리가 함께 지어요. 둥지 안은 날씨와 상관없이 일정한 온도가 유지돼요. 둥지 안에서 가장 좋은 자리는 우두머리 새에게 돌아가요.

베짜기새들은 무리 안 짝을 이룬 새들에게 도움을 줘요. 새끼를 돌보기도 하고, 포식자의 공격으로부터 새끼를 보호하기도 하죠. 이를테면 도우미 역할을 하는 거예요. 무리에게는 아주 고마운 일이지만, 도우미 새들은 거의 번식하지 않는답니다. 무리의 규모가 클수록 도우미 새들의 협동은 더욱 빛을 발해요.

돌보미가 된 동물들

　아프리카 사막에 사는 **미어캣**들도 무리를 지어 사는 대표 동물로, 2~50마리가 한 무리를 이루어요. 부부 미어캣을 중심으로 도움을 주는 미어캣들이 함께 살아가죠. 돌보미들은 새끼 미어캣을 보살피며 먹이를 주고, 무리가 사냥하는 동안 새끼들을 보호해요.
　또 어떤 미어캣은 다른 미어캣이 곤충 사냥을 위해 모래 속에 머리를 파묻는 동안 주변을 살피는 보초 역할을 하기도 해요. 보초 미어캣은 위험한 일이 생기면 다른 미어캣이 도망칠 수 있도록 울음소리로 주변에 알려요. 이 울음소리에는 얼마나 위험한 상황인지, 누가 상황을 알리는지 등의 정보가 들어 있어요. 실제로 미어캣들은 보초가 누구인지에 따라 다르게 반응해요. 경험 많은 미어캣이 보초를 설 때는 안심하고 사냥에 몰두하다가 울음소리가 들리면 더 빨리 도망쳐요. 이런 복합적 협력 체계를 갖춘 덕분에 미어캣들은 각자의 일에 집중해 더 많은 먹이를 구할 수 있답니다.

동물의 왕, 협동의 왕

사자는 외로운 동물이 아니에요. 수컷들은 대부분 2~4마리가 함께 팀을 이루어 암컷을 찾아다녀요. 다른 무리와 마주치면 상대편 우두머리 사자와 싸워 그 자리를 빼앗으려고 해요. 함께 다니는 사자들이 많을수록 무리를 차지할 가능성도 크죠.

무리를 이룬 사자들은 암컷들과 곧 태어날 새끼 사자들을 함께 보호해요. 암사자들도 힘을 모아 새끼를 돌보고 사냥 때도 서로 도와요. 새끼 사자들은 태어나 몇 달이 지나면 일종의 어린이집에 맡겨져요. 몇몇 암컷 사자가 새끼 사자들을 돌보고 나머지는 사냥을 나가지요.

철저히 보호받는 암컷 원숭이들

여우원숭이나 **겔라다개코원숭이** 같은 원숭이들은 여러 수컷이 무리를 보호해요. 우두머리 수컷이 있지만, 다른 수컷의 도움을 마다하지 않죠. 원숭이들은 함께 모여 다른 동물의 공격을 막아요. 그러면 우두머리도 더 오래 살 수 있고, 번식을 통해 더 많은 새끼 원숭이를 낳을 수 있죠. 도우미 원숭이에게도 암컷과 짝짓기하여 후손을 볼 수 있는 혜택이 있어요.

보초 다람쥐

다람쥐 무리에도 보초가 있어요. 보초 다람쥐는 높은 나무에 올라 주변을 살피다가 위험이 느껴지면 독특한 울음소리로 다른 다람쥐들에게 알려요. 보초 다람쥐는 울음소리 때문에 포식자에게 위치를 들켜 잡아먹힐 위험에 놓일 수 있지만, 다른 다람쥐들을 보호할 수 있죠. 대신 다음번에는 다른 다람쥐가 보초 역할을 맡고, 차례로 목숨을 구할 수 있어요.

주거니 받거니

동물들은 바로 보상을 받지 못하더라도 다른 동물에게 도움을 줘요. 자신이 위험에 처했을 때 다른 동물로부터 도움을 받을 수 있으니까요. 장기적인 관점으로 보면 무리 전체가 이득을 얻을 수 있는 체계예요.

흡혈귀의 삶

사람들은 아메리카에 사는 **흡혈박쥐**를 무서워하지만, 흡혈박쥐들은 훌륭한 공생 관계를 유지하고 있어요. 흡혈박쥐는 매일 밤 먹잇감을 찾아 적당량의 피를 얻어야만 살아갈 수 있죠. 하지만 모두가 사냥에 성공하지는 못해요. 그래서 사냥에 성공한 박쥐들이 피가 부족한 박쥐에게 피를 나누어 주기도 해요. 가족이나 친척이 아니더라도 말이죠.

박쥐들이 서로서로 잘 돕는다면 이런 관계는 지속될 수밖에 없어요. 다른 박쥐에게 도움을 준다면 언젠가 내가 도움이 필요할 때 다른 박쥐에게서 도움을 받을 수 있으니까요. 흡혈박쥐도 생각보다는 착한 것 같죠?

모두를 위한 하나, 하나를 위한 모두

작은 새들은 종종 맹금류의 먹이가 돼요. 그런데 **푸른머리되새**란 작은 새는 **올빼미**를 발견하면 곧바로 울음소리를 내 주변에 알려요. 그럼 주변에 있던 다양한 작은 새들이 푸른머리되새를 구하기 위해 날아와요. 이 새들은 푸른머리되새가 도망갈 때까지 무리를 이루어 올빼미를 괴롭혀요. 여러 마리가 번갈아 가면서 빠르게 올빼미 머리 위로 몸을 날리는 거예요.

사실 올빼미를 발견했을 때 울음소리를 내는 건 위험한 일이에요. 주변 새들이 도와주지 않는다면 그대로 커다란 새에게 잡아먹히게 될지도 모르니까요. 그 전략이 성공하려면 가능한 한 많은 새의 도움을 받아야 해요. 그러려면 서로 자주 본 사이여야 하죠. 그래야 기꺼이 울음소리에 응답할 테니까요.

도움을 통한 생존

코트디부아르에 사는 **침팬지**들은 종종 표범의 공격을 받아요. 그런데 누군가 표범의 공격을 받아 다치면 다른 침팬지들이 도움을 줘요. 침으로 상처를 닦아 다친 곳이 빨리 나을 수 있도록 돕죠. 다른 침팬지를 돕는 건 도움을 주는 침팬지에게도 유익한 일이에요. 만약 자신이 표범에게 공격받아 다쳤을 때 다른 침팬지에게 도움을 받을 수 있으니까요.

함께해야 살 수 있는 관계

어떤 생물은 다른 생물 속에 들어가 살아요. 한쪽이 죽으면 다른 한쪽도 죽고 말죠. 이런 관계를 의무적 공생 관계라고 불러요. 특히 자원이 부족한 지역일수록 이런 공생 관계가 많이 생겨요.

잃을 것 없는 공생 관계

바다 깊은 곳은 영양분이 부족해 생물이 살아가기 어려워요. 그런데 산호는 한 가지 해결책을 찾아냈어요. 사실 산호는 '폴립'이라 불리는 작은 생물체가 모여 이루어진 동물인데, 각각의 폴립 안에는 갈충조라 불리는 조류(藻類)들이 살고 있어요.

갈충조는 식물 플랑크톤으로 햇빛을 받아 영양분을 만들어 산호한테 줘요. 대신 산호는 갈충조에게 안전한 보금자리를 제공하죠.

산호는 바닷물 속 재료를 사용해 탄산칼슘을 만들고, 이것이 석회질의 뼈대를 형성해요. 이런 석회질의 껍데기가 쌓이고 쌓여 거대한 바위 같은 지형, 산호초가 만들어지기도 하죠. 산호초는 조류나 작은 생물들을 외부의 공격으로부터 보호해 주고 햇볕이 너무 세게 내리쬐지 않도록 막아 주기도 해요. 자원이 풍부하지 않은 곳에서도 다양한 생물이 살아남을 수 있는 건 바로 이런 공생 관계 덕분이랍니다. 이는 수백만 년 전부터 이어져 온 관계예요!

촉수 아래의 삶

흔히 '니모'로 알려진 흰동가리는 아주 연약한 물고기예요. 다양한 바다에서 사는 흰동가리들은 말미잘의 촉수 사이에 숨어 살아가요. 말미잘의 촉수 끝에는 다른 생물을 공격할 수 있는 맹독이 들어 있어 흰동가리를 노리는 천적들도 쉽게 다가올 수 없죠. 만약 말미잘이 없다면 흰동가리는 금방 다른 동물들에게 잡아먹힐 거예요. 반대로 흰동가리의 배설물은 말미잘의 먹이가 되죠.

산호처럼 말미잘 역시 몸 안에 갈충조가 함께 살고 있어 갈충조로부터 영양분을 얻기도 해요. 그 밖에도 자기게, 달팽이, 새우 등 다양한 동물이 말미잘과 함께 살아가고 있답니다. 그야말로 생물체 덩어리인 셈이죠! 하지만 최근 들어 이 생물체 덩어리도 생존의 위협을 받고 있어요. 기후 변화로 수온이 오르고 바닷물이 점점 산성화되고 있기 때문이에요.

환경의 변화로 스트레스를 받은 말미잘은 갈충조들을 내쫓기 시작했어요. 사실 산호와 말미잘의 화려한 색깔은 이 조류 덕분이었는데, 조류가 사라지자 말미잘은 하얗게 변하는 백화 현상에 빠지고 말았어요. 백화 현상은 단순히 색깔의 문제가 아니에요. 조류가 다 사라지면 결국 말미잘도 죽고, 이건 흰동가리에게도 심각한 상황이 되니까요. 실제로 스트레스로 더는 알을 낳지 않는 흰동가리들도 늘어나고 있어요.

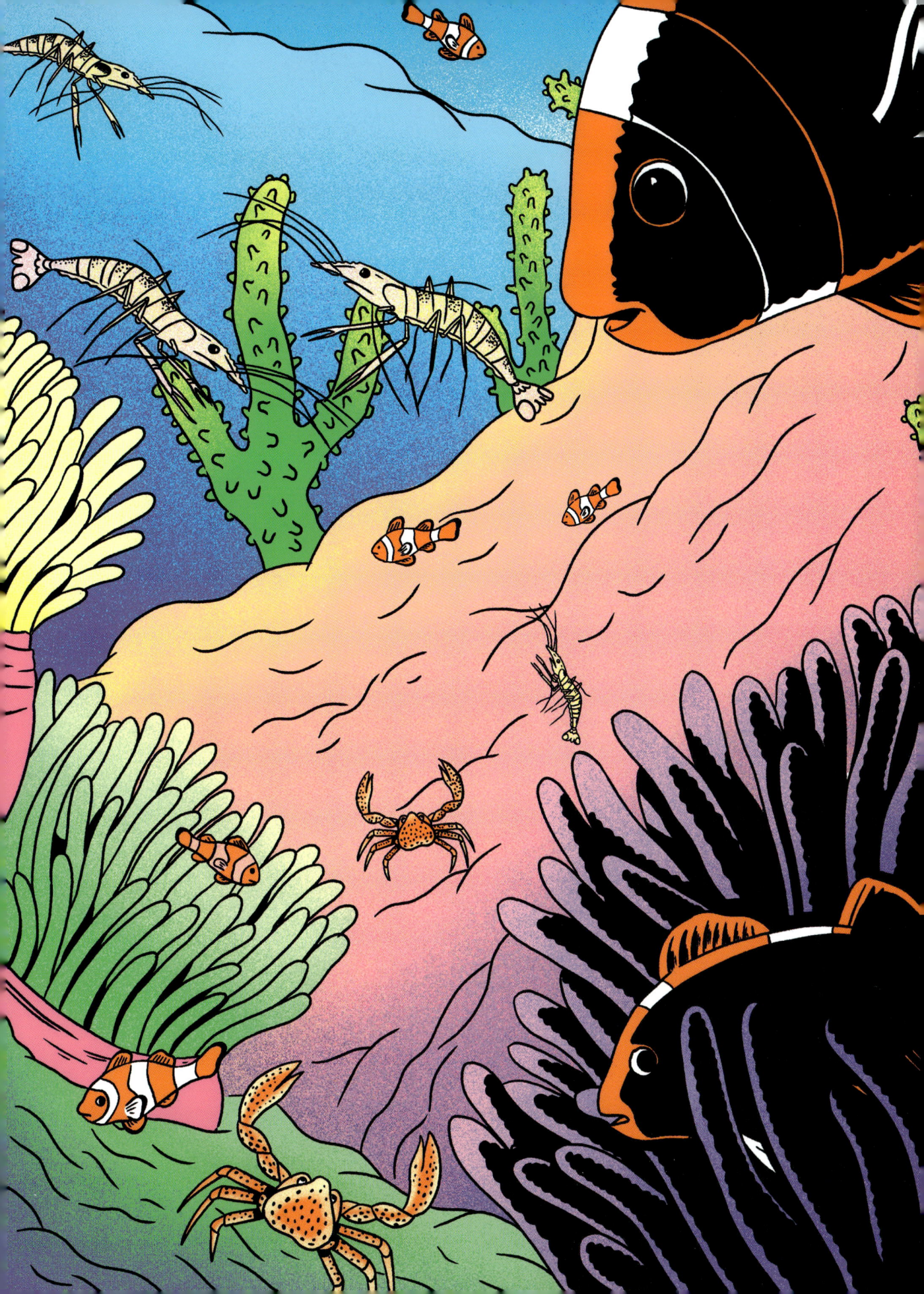

질기고도 질긴 관계

지의류로 불리는 생물은 지구 모든 지역의 땅과 바위, 나무줄기 등에 붙어 살아가고 있어요. 많은 과학자가 오래전부터 지의류에 관심을 가져왔어요. 생김새는 꼭 식물 같지만, 지의류는 식물이 아니에요. 사실 하나의 단일한 생물이 아니라, 조류와 곰팡이가 함께 살아가는 공생체 '균류'예요.

조류는 햇빛을 통해 당분을 만들어 에너지로 사용해요. 바로 광합성 과정을 거치는 거죠. 조류는 이렇게 얻은 에너지 중 일부를 곰팡이에게 나눠 주고, 곰팡이는 추위나 더위, 가뭄에 견딜 수 있도록 조류의 보호막이 되어 줘요. 이러한 공생 관계 덕분에 곰팡이와 조류 모두 극한의 환경 속에서도 잘 살아남을 수 있는 거죠.

식물 같은 동물

식물처럼 생긴 동물을 아나요? 바닷가에 놀러 가면 미역 줄기 같은 **녹색 벌레**(콘볼루타 로스코펜시스)가 있는지 살펴봐요! 이 벌레는 몸속에 **녹조류**가 있어서 녹색을 띠어요. 녹조류는 광합성을 통해 햇빛을 영양분으로 바꾸고, 그 영양분을 벌레와 나눠요. 덕분에 벌레는 먹이를 찾으러 다른 곳으로 이동하지 않아도 돼요. 심지어 조류가 만든 녹말을 먹고 살아 소화 기관이 퇴화해 버렸어요.

녹색 벌레는 몸속 조류가 광합성을 할 수 있도록 모래를 드나들어요. 조류는 벌레의 배설물도 처리해 주고, 자기 자신은 물론 벌레까지 보호하는 독성 물질을 내뿜기도 해요!

빛 없이 사는 법

아주 깊은 바닷속에는 신기한 심해 생물들이 살고 있어요. 이들은 빛이 필요하지 않아요. **박테리아**를 통해 에너지를 얻기 때문이에요.

그런 심해 생물 중에는 하얀 관 꼭대기에 붉은색 기관을 가진 **관벌레**가 있어요. 관벌레는 입도, 위도, 항문도 없는 거대한 벌레예요. 주로 뜨거운 물, 가스, 중금속 등이 뿜어져 나오는 심해 열수구 근처에서 자라나요.

관벌레 안에는 박테리아가 사는데, 이 박테리아는 열수구에서 나오는 물질들을 먹으며 살아가요. 관벌레는 붉은색 기관으로 박테리아가 좋아하는 가스를 모아 주곤 해요. 관벌레가 중금속이 나오는 열수구 근처에서 살아남을 수 있는 건 박테리아가 중금속의 독성을 없애는 덕분이기도 해요. 심해 생물들에게 공생 관계란 삶 그 자체예요!

식물들의 **보이지 않는** 세계

식물들은 이동할 수 없지만 필요한 영양분을 얻기 위해 수많은 전략을 펼친답니다. 땅속 깊은 곳이나 높은 하늘에서도 함께할 친구들이 있기 때문이죠.

밥을 나눠 먹는 나무들

나무들은 외로울 것 같나요? 그렇지 않아요. 캐나다에서는 **자작나무**와 **개솔송나무**가 식물이 자라는 데 꼭 필요한 탄소를 서로 주고받아요. 어떻게 그럴까요?

땅속 식물의 뿌리는 대부분 균류와 연결되어 있어요. 균류와 식물 뿌리가 공생하는 형태를 '균뿌리'라고 해요. 균류의 균사가 식물의 뿌리보다 훨씬 가늘고 작기 때문에 땅속 물과 영양분을 더욱 효과적으로 식물에 전달해요.

자작나무와 개솔송나무의 뿌리는 같은 균류로 연결되어 있어서 서로 자원을 주고받을 수 있는 거죠. 이런 연결망 덕분에 그늘진 곳에서 자라나 햇빛을 충분히 받지 못하는 나무들도 다른 나무로부터 탄소를 얻을 수 있어요.

봄에는 도움을 받고 가을에는 도움을 주는 나무

북아메리카의 숲에는 어여쁜 노란 꽃으로 유명한 **아메리카얼레지**가 자라요. 이 식물은 다른 식물들보다 이른 봄에 활동을 시작해요. 다른 나무들이 아직 잎을 맺지 못한 틈을 타 양지에서 햇빛을 한껏 받아 에너지를 얻고, 그것을 이웃과 나누어요. 균뿌리를 통해 근처 **단풍나무**에게 탄소를 나눠 주죠. 반대로 가을이 되면 단풍나무가 아메리카얼레지에게 탄소를 나눠 준답니다.

균뿌리를 이루는 균류는 식물의 뿌리 안에 또는 뿌리 밖에 자리 잡아요. 두 경우 전혀 다른 형태의 연결망을 만들지만, 식물들은 광합성으로 자신이 만든 영양분을 아낌없이 균류에 나눠 줘요. 뿌리 안 균류에는 약 10%를, 뿌리 밖 균류에는 최대 40% 정도를요. 이렇듯 함께 사는 데는 대가가 따르죠!

잠자는 숲속의 풀

말을 잠들게 하는 풀이 있어요. 북아메리카 원주민들은 이런 **수면초**에 대해 잘 알아요. 그래서 말을 탈 때 수면초가 자라는 쪽으로는 아예 가지 않도록 조심해요. 말이 수면초를 먹으면 2~3일간 졸 수 있기 때문이죠. 수면초는 초식 동물로부터 자신을 보호하기 위해 최면 성분이 든 균류를 전략적으로 선택한 거예요.

박테리아의 향기

킁킁, 꽃향기를 맡으면 기분이 좋아져요! 그런데 **딱총나무**의 꽃향기는 사실 박테리아가 만들어내는 냄새예요. 꽃잎 표면에 붙은 수많은 박테리아가 나무가 준비한 냄새 분자를 완성해 퍼뜨리는 역할을 하기 때문이죠. 딱총나무는 박테리아 덕분에 꽃의 수분을 도와줄 곤충들을 유인하는 셈이에요.

식물과 조류

자연을 살펴보면 다양한 생물이 섞여 살아가는 모습을 볼 수 있어요. 나무들이 조류(藻類)와 공생 관계를 이루는 것도 놀라운 일이 아니죠. 지구에서 가장 오래된 나무로 손꼽히는 **은행나무**도 작은 조류들과 함께 살아가요. 그런데 그들이 은행나무에 어떤 도움을 주는지는 아직 밝혀내지 못했어요.

은행나무와 공생하는 조류는 광합성을 하지 않으므로 나무에 에너지를 공급하거나 나뭇잎 색에 영향을 주지 않아요. 다만 많은 저장 공간을 갖추고 있어 어쩌면 은행나무가 가진 영양분을 저장하는 데 쓰이는지도 몰라요.

작디작은 오아시스

때로는 아주 작은 그늘 하나가 메마른 사막에서 큰 도움이 되죠. 그늘에 자그마한 오아시스가 생기기도 해요. 그럼 아주 끈질긴 식물 몇몇이 오아시스 주변에서 자라나요. 진정한 개척자들이죠!

이 개척자들이 자라날수록 흙의 상태가 변하고, 더 많은 물과 영양분을 얻을 수 있답니다. 그뿐만 아니라 나무들이 자라면서 그늘이 점점 더 넓어지죠. 그러면 더 많은 식물이 주변에서 자라게 돼요. 어쩌면 사막 한복판 군데군데에 작은 수풀들이 자라나는 모습을 보게 될 거예요.

사하라 사막에서는 아주 작은 곡류의 도움으로 **우산아카시아나무**가 무사히 자라나기도 해요. 이 곡류는 땅에 영양분과 물을 가져다주고, 우산아카시아나무가 초식 동물의 공격을 피해 싹을 틔울 수 있도록 보호하는 역할도 해요.

볼리비아의 안데스 지역에서는 **골풀**로 불리는 따가운 잎을 가진 식물들이 곳곳에 작은 무리를 이루는 모습을 볼 수 있어요. 골풀들은 라마가 아무 풀이나 뜯어 먹을 수 없도록 막아요.

박테리아의 삶

눈으로는 볼 수 없지만 박테리아는 어느 곳에나 존재해요. 하나의 세포로 이루어진 박테리아는 수많은 생물 안에서도 살고 있어요. 그리고 그 생물이 다양한 활동을 할 수 있도록 도움을 주기도 해요. 우리 인간이 존재할 수 있는 것도 박테리아 덕분이랍니다.

놀라운 인체의 세계

인간은 홀로 살아갈 수 없어요. 우리 몸 안에도 수많은 생물체가 살고 있지요. 그중 너무 작아서 눈으로 볼 수 없는 아주 작은 생물을 '**미생물**'이라고 해요. 미생물은 아주 유익한 존재예요. 예를 들어 인간의 소화 기관에는 미생물인 **박테리아**가 수없이 많이 사는데, 이들이 없다면 우리는 채소나 과일에 든 섬유질을 소화할 수 없어요.

박테리아들도 서로 도움을 주고받아요. 한 박테리아가 인간이 삼킨 섬유질을 단순한 성분으로 분해하면 다른 박테리아가 나서서 그 성분을 소화해요. 그래야 우리 몸이 그 영양분을 흡수할 수 있거든요. 인체와 박테리아가 팀이 되어 움직이는 거예요. 이렇듯 유익한 박테리아는 인체를 병들게 하는 기생 박테리아로부터 우리 몸을 보호하는 역할도 해요.

그러므로 우리는 박테리아를 죽이는 항생제를 함부로 사용하지 않도록 조심해야 해요. 항생제는 나쁜 미생물을 죽이지만, 착한 미생물까지도 죽일 수 있거든요. 그래서 의사들이 때때로 약을 먹을 때나 약을 먹은 뒤에 몸에 유익한 균을 따로 챙겨 먹어야 한다고 권하는 거예요. 그러면 착한 박테리아가 소화 기관에 다시 자리를 잡고 우리 몸을 보호할 테니까요.

공생, 생명의 원천

식물은 물론 인간과 포유류가 살아갈 수 있는 건 바로 공생 덕분이에요! 식물이 녹색을 띠는 건 햇빛을 통해 당분과 에너지를 만들어내는 광합성 작용 때문이에요. 광합성은 잎의 세포 속 엽록체 덕분에 이루어지는데, 사실 이 엽록체는 세포 내부에 살던 박테리아의 공생 결과예요. 오랫동안 세포 안에서 살던 박테리아가 필수적인 물질로 변화한 거죠.

인간의 몸도 비슷해요. 인체 세포 안에는 필수 요소인 미토콘드리아가 존재해요. 미토콘드리아는 세포들이 살아가고 변형하는 데 필요한 에너지를 만들어내죠. 미토콘드리아도 박테리아와의 공생에서 생겨난 거예요. 이렇듯 공생은 생물의 진화에도 핵심적 역할을 해 온 셈이죠.

흰개미의 강력한 힘

다른 개미와 마찬가지로 놀라운 능력을 지닌 **흰개미**는 체계적인 조직을 이루어 살아가요. 흰개미 무리는 거대한 성과 같은 집을 짓고, 땅에 쌓인 낙엽이나 죽은 나무들을 마구 먹어 치운답니다. 이런 활동은 자연에 아주 큰 도움이 돼요. 죽은 나무가 다양한 생물을 위한 영양분으로 바뀌거든요.

흰개미가 나무를 물어뜯어 소화하는 것 역시 박테리아 덕분이에요. 흰개미의 소화 기관 속 박테리아들이 나뭇조각들을 더 잘게 분해하는 효소를 만들어내고, 이를 통해 나무에서 영양분을 얻기 때문이죠.

도움을 주었다가, 피해를 주었다가

이번에는 '베드 버그'라고도 불리는 **빈대**를 살펴볼까요. 빈대를 좋아하는 사람은 별로 없을 테지만, 빈대는 전 세계적으로 계속 늘어나고 있어요. 이는 **볼바키아** 박테리아의 도움이 커요. 빈대에 붙어 살아가는 이 박테리아가 빈대에게 비타민 B를 가져다주고 나아가 번식을 돕기 때문이에요.

볼바키아가 숙주 동물에 항상 도움만을 주는 건 아니에요. 예를 들어 **쥐며느리**에게 있는 볼바키아는 호르몬 생성에 간섭해서 수컷을 암컷으로 만들어 버려요. 그래야 새끼 쥐며느리에게도 전염되기 때문이에요. 볼바키아는 그 밖에도 여러 곤충이나 갑각류, 지렁이류에서도 찾아볼 수 있으며, 아마도 수백만 년 전부터 수많은 동물에 기생하며 살아왔을 거예요. 어떨 때는 숙주에 해를 끼치는 전략으로, 또 어떨 때는 숙주에 도움을 주는 전략으로 기생 생활을 이어 온 거죠.

전략은 환경에 따라 달라졌어요. 영양분, 개체 수 등 다양한 조건에 따라 기생 관계가 때로는 공생 관계가 되기도 하고, 또 반대로 공생 관계가 기생 관계로 바뀌기도 했답니다.

착한 **바이러스**가 있다?

바이러스에 대해 잘 아나요? 바이러스는 생각만 해도 진저리가 쳐져요. 독감, 감기, 홍역 등 바이러스 때문에 생기는 병이 정말 많아요. 그런데 사실 바이러스가 항상 병을 일으키기만 하는 건 아니랍니다.

바이러스 없이는 태어날 수 없는 양

사실 **양**은 생식 기관에 존재하는 바이러스 덕분에 새끼를 낳을 수 있어요. 바이러스 덕분에 암컷 양 배 속의 태반 주변으로 주머니가 만들어질 수 있거든요. 양과 마찬가지로 대부분의 포유류의 몸속에는 여러 바이러스가 존재해요. 그중에서도 어떤 바이러스들은 나쁜 바이러스가 활동할 수 없도록 막아 주는 역할을 하기도 하죠.

극강의 삼총사

섭씨 65도에서 산다는 건 정말 어려운 일이에요! **식물**이나 **균류**도 그렇게 높은 온도에서는 살아남을 수 없어요. 그런데 **바이러스**는 가능해요! 미국의 옐로스톤 국립공원은 일정한 간격을 두고 뜨거운 물이나 수증기가 나왔다가 멎었다가 하는 간헐천으로 유명해요. 온천의 땅 온도는 시기에 따라 20~65도로 들쑥날쑥해요.

그런데 이 땅에는 **방석기장**이라고 불리는 작은 풀이 살아요. 이토록 변화무쌍한 온도를 견디고 살아남을 수 있는 건 방석기장이 균류, 바이러스와 함께 살아가기 때문이죠. 바이러스는 땅 온도가 며칠 동안 최대 65도로 뜨거워도 방석기장이 죽지 않도록 지켜 줘요. 그러나 이것은 방석기장이 균류와 공생할 때 가능한 일이에요. 바이러스가 없다면 방석기장은 물론 균류조차도 38도 이상에서 죽고 말고요. 삼총사가 힘을 합쳐 만들어내는 눈부신 활약인 셈이죠.

기생을 위한 공생

말벌은 다른 곤충에 의존해 살아가는 기생충이에요. 말벌은 애벌레가 필요한 영양분을 먹을 수 있도록 다른 곤충의 몸속에 알을 낳아요. 이때 **바이러스**가 필요해요. 곤충들은 감염으로부터 자신을 보호하기 위해 나름의 면역 체계를 갖추고 있어요. 그래서 말벌의 알이 몸속에 들어오면 일종의 보호막을 만들려고 하죠. 이때 바이러스가 나서서 숙주가 만드는 보호막을 망가뜨려요. 그러면 숙주는 말벌의 알을 막을 수가 없게 돼요.

대가 없이 주는 도움

아무런 대가를 바라지 않고 다른 이를 돕는 것을 '이타주의'라고 불러요. 진화론에 따르면 순수한 의미의 이타주의는 존재하지 않아요. 각 개체의 생존과 번식에 전혀 도움이 되지 않았다면 이타주의라는 것 자체도 시간이 지남에 따라 사라졌을 테니까요. 그런데 가끔은 생물들의 이타적 행동이 놀라움을 주기도 한답니다.

입양을 하는 동물

부모를 잃은 아이를 대신 키운다는 건 정말 어려운 일이에요. 그런데 과학자들이 10년 이상 관찰해 온 결과, 코트디부아르의 **침팬지** 무리가 그런 입양을 하는 사실이 여러 차례 확인됐어요. 게다가 암컷은 물론 수컷 침팬지들이 가족을 잃은 새끼 침팬지를 데려와 키우기도 해요.

사실 보통의 수컷 침팬지들은 새끼들을 잘 돌보지 않아요. 그런데 새끼를 입양한 수컷 침팬지들은 먹이를 구해 오고, 싸움이 나면 새끼들을 보호하고, 등에 새끼를 업은 채 수 킬로미터를 이동하기도 해요. 경쟁 상대가 새끼 침팬지를 표적으로 삼을 수도 있어 쉽지 않은 결정이었을 거예요. 더욱이 새끼를 돌보기 시작하면 적어도 수년은 계속해서 새끼를 키워야 해요. 침팬지들도 인간처럼 오랫동안 부모에게 의존하며 자라기 때문이에요. 그래서 어떤 침팬지들은 데려온 새끼를 결국 포기하기도 해요.

이처럼 새끼 침팬지 입양은 아주 많은 희생이 있어야 하지만, 아무런 대가도 없어요. 인간과도 많이 닮은 이러한 선택이야말로 이타적 행동이라고 할 수 있죠.

아이들은 원래 이타적이다

주변 사람들에게 도움을 준 기억이 있나요? 친구와 간식을 나눠 먹거나 놀이 방법을 설명해 주기도 하고, 어른이 잃어버린 열쇠를 찾아 주기도 하잖아요. 그런데 대부분 이럴 때 내가 왜 도움을 주는지 생각하는 경우는 많지 않아요.

연구가들은 여러 연구를 통해 **아이들**은 무의식적으로 이타적 행동을 한다는 결론을 내렸어요. 18개월밖에 되지 않은 아이도 주변의 어른이 펜을 떨어뜨리면 자리에서 일어나 펜을 주워 어른에게 돌려주려고 해요. 또 어떤 사람이 양손 가득 물건을 들고 문 앞에 서 있으면 문을 대신 열어 주기도 하죠. 이런 모습은 인간에게만 있는 게 아니에요. **침팬지**들도 다른 침팬지나 인간에게 도움을 베풀었어요.

그런데 반대로 만 2세, 6세, 12세 등 다양한 연령대의 아이들을 상대로 한 연구에서 다른 사람에게 도움을 주면 장난감 등 다른 보상을 주겠다는 조건을 걸었더니 조건이 없을 때처럼 쉽게 도움을 주려 하지 않았어요. 아이들은 남을 도우며 느끼는 즐거움 때문에 도와주려 한 거예요. 그 이유가 무엇인지도 의식하지 못한 채로 말이죠.

공동의 이익을 위해

한 사회자가 여러 명에게 구슬을 나눠 준다고 상상해 봐요. 그 뒤 차례대로 돌아가며 자기가 원하는 만큼 구슬을 다시 통 안에 넣어요. 그런 다음 사회자가 통 속 구슬의 숫자를 세고, 똑같은 양의 구슬을 더 넣을 거예요. 그러면 통 속 구슬의 양은 두 배가 되겠죠. 마지막으로 그 구슬들을 다시 모두에게 똑같이 나눠 줄 거예요. 모든 사람이 어느 정도 구슬을 넣었다면 더 많은 구슬을 돌려받을 거예요. 만약 나 혼자만 통에 구슬을 넣고 다른 사람들은 넣지 않았다면 오히려 손해를 보게 되겠죠. 이럴 때 여러분은 몇 개의 구슬을 통에 넣을까요?

여러 사람에게 구슬 대신 돈을 나눠 주고 똑같이 실험했어요. 처음 돈을 넣을 때는 대부분 절반 정도의 돈을 넣었어요. 그런데 생각할 시간을 준 뒤 통을 돌리자 통 속 돈의 액수가 줄어들었어요. 이 경우 각자의 경험에 따라 선택이 달라져요. 도움을 주거나 받는 일이 많은 사람은 쉽게 다른 사람들을 돕지만, 그런 경험이 적은 사람은 좀처럼 도우려 하지 않아요.

맨 처음 통에 돈을 넣을 때 사람들의 행동은 비교적 이타적이에요. 하지만 생각할 시간이 생기면 결국 경험에 따라 행동을 바꾸죠. 또한 다른 사람들의 선택을 보고 행동을 바꾸기도 해요. 첫 실험 때 돈을 넣지 않은 사람들이 많았다면 다른 사람들도 더는 돈을 넣으려 하지 않죠. 반대로 대부분 돈을 넣었다면 함께 돈을 넣으려 하고요. 그러므로 한 집단에서 공생이 이루어지려면 모두의 참여가 꼭 필요해요.

대대로 전해진 **공생**의 법칙

사람은 홀로 살아갈 수 없어요. 우리는 적으면 몇 명, 많으면 수백만 명이 함께 공동체를 이루며 살아가죠. 공동체가 오랫동안 잘 움직이려면 대다수가 협력해야 해요.

도움이 필요한 아기들

"아이고 예뻐라!" 아기를 싫어하는 사람이 있을까요? 여러 연구에 따르면 신생아와 함께 있으면 공감력, 즉 다른 사람의 기분을 이해하는 능력이 높아진다고 해요. 이건 아기들의 생존을 위해 아주 중요하죠.

어린 아기는 너무나도 약해요. 혼자 이동할 수도, 음식을 먹거나 자신을 보호할 수도 없어요. 아기들은 어느 정도 자랄 때까지 무방비 상태예요. 이렇게 오랫동안 누군가의 도움이 필요한 동물은 인간이 유일해요. 사람은 공감력 덕분에 홀로 있는 어린 아기를 보면 도우려는 마음이 생겨요. 인간 말고 여러 동물도 이런 공감력을 가지고 있어요. 많은 과학자(물론 다윈을 포함해서)가 신생아의 연약함이 인간의 공감력과 공생 관계를 발달시켰다고 해요.

모두를 위한 지출

어떤 사회는 공생을 바탕으로 공동의 규칙을 세우기도 해요. 물론 그렇지 않은 사회도 있고요. 프랑스에서는 몸이 아파 병원에 가더라도 많은 돈을 내지 않아요. 대신 프랑스에서 일하는 사람들은 '사회 보장 분담금'을 내야 해요. 이 회비는 각자의 수입에 따라 금액이 달라요. 분담금을 공동 기금으로 모아뒀다가 치료가 필요한 사람들을 위해 써요. 이런 방식을 '사회 보장 제도'라고 해요. 사회를 구성하는 모든 사람은 누구나 보장받을 권리가 있죠.

프랑스의 사회 보장 제도는 제2차 세계 대전 이후 전국레지스탕스평의회(CNR)라는 단체에 의해 일반화되었어요. 100년 전에도 비슷한 제도가 있었는데, 노동자들이 서로 도움을 주는 모임을 만들었죠. 이들은 누군가 다치거나 세상을 떠났을 때 그 비용을 대신 내주었어요.

영웅의 시대

지진, 태풍과 같은 자연재해나 대형 사고가 일어나면 많은 사람이 가게로 몰려가 먹을거리를 훔치고 서로를 죽이려 한다고 생각하기 쉬워요. 하지만 그렇지 않아요.

2005년, 거대한 허리케인 카트리나가 미국 해안을 강타했을 때 엄청난 피해가 발생하고 수많은 사람이 목숨을 잃었죠. 이때 피해 주민들은 서로 힘을 모았어요. 물론 물건을 훔치는 등 나쁜 행동을 한 사람도 있었지만, 협력한 사람들보다 극히 드물었어요.

재난 이후 피해 주민 사이의 협력 관계는 놀라울 정도로 발전해요. 이런 현상은 재난을 겪는 다른 지역에서도 똑같이 나타났어요. 그들은 가장 먼저 모임을 만들어 서로 도우려 했고, 보호가 필요한 사람은 없는지 확인했어요. 어떤 사람은 자기 목숨을 바쳐 다른 사람들을 구하기도 했답니다. 진정한 영웅이에요!

본성일까, 문화일까?

사람들은 예부터 인간의 본성이 착한지 나쁜지에 대해 고민해 왔어요. 어떤 이는 사람의 이타적 행동은 사회의 규칙 때문이라고 주장해요. 또 어떤 이는 인간의 타고난 본성이라고 주장해요. 사실 모두 맞는 말이에요.

어떤 연구원이 6~10개월 아기들에게 인형극을 보여 주는 실험을 했어요. 인형극을 본 뒤 아기들에게 인형극에서 이웃을 도운 인형과 이웃을 괴롭힌 인형 중 한쪽을 고르라고 했더니 모든 아이가 도움을 준 인형을 골랐어요.

만 3세 아이들을 대상으로 한 실험도 있었는데, 일을 적게 한 사람과 많이 한 사람 중 누구에게 더 큰 보상을 해야 하느냐는 물음에 대부분이 일을 많이 한 사람을 선택했어요. 어린아이들도 공정함과 불공정함에 대해 아는 거죠. 인간은 태어날 때부터 공생하는 법을 아는 셈이에요. 그러므로 인간은 본래 이타적이라고 할 수 있죠.

물론 문화의 영향도 커요. 문화를 통해 이타적 행동이 발전할 수도 있고, 반대로 퇴보할 수도 있기 때문이에요.

좋은 사람으로 여겨진다는 것

버스를 탄다고 상상해 봐요. 바로 앞에는 나이가 지긋한 할머니 한 분이 있어요. 버스에 타니 문 앞좌석에 비슷한 또래의 남학생 둘이 앉아 있었어요. 두 학생 모두 할머니를 보았지만, 한 명은 꼼짝도 하지 않았고 다른 한 명은 바로 일어나 자리를 양보했어요. 이후 학교 체육 수업 시간에 다른 반 학생들과 짝을 지어 경기하게 되었는데, 버스에서 봤던 두 학생을 발견했어요. 둘 중 어느 쪽을 짝꿍으로 선택하면 좋을까요?

우리는 살아가면서 되도록 친절한 사람과 가까이하려 해요. 그리고 다른 사람도 나를 친절한 사람으로 봐 주길 원하죠. 인간은 다른 사람의 시선을 아주 중요하게 생각해요. 또한 편안함을 느낄 수 있는 집단에 속하고 싶어 하죠. 만약 다른 사람이 자신을 싫어하고 거부한다면 슬픔에 빠지기 마련이에요.

이런 생각을 우리가 늘 의식하는 건 아니지만, 우리의 행동을 결정하는 데 중요한 역할을 한답니다. 다른 사람에게 좋은 사람으로 여겨진다면 친구를 사귀는 데 도움이 되죠. 친구가 생긴다면 더 좋은 삶을 살 수 있고, 나아가 생존에도 도움이 될 거예요. 그러므로 모두 나쁘게 행동하기보다는 공생하며 살아가려는 거죠.

공동체를 위한 협동

동물을 사냥하고 식물을 채취하며 살아가는 사람들이 있어요. 이런 사회를 '수렵 채집 사회'라고 해요. 이들은 작은 집단을 이루어 서로 공생하며 살아요. 사냥한 고기를 나누어 먹고, 힘을 모아 집을 짓고, 아이들을 함께 돌봐요. 이런 사회에서는 협동이 매우 중요해요.

만약 협력하지 않고 아무에게도 도움을 주지 않으면 집단에서 쫓겨날 거예요. 그럼 사냥을 할 수도 식량을 구할 수도 없죠. 아이들도 보살피기 어렵고요.

인류는 본디 수렵 채집 사회에 살았어요. 그러니까 서로 도우며 살아온 능력이 대대로 우리에게까지 전해진 셈이에요.

생태계 공생 관련 상식 퀴즈

01 찰스 다윈은 갈라파고스 제도에서 ＿＿＿＿＿＿라는 작은 새들을 관찰했어요.

02 표트르 크로폿킨은 공동생활에서 서로 돕는 일, 즉 '상호 부조'가 생존 경쟁보다 더 필요하다고 생각했어요. (○, ×)

03 다른 생물들이 서로 이익을 주고받으면서 살아가는 관계를 '상리 공생'이라고 불러요. (○, ×)

04 곰치는 청소새우의 입이나 비늘 등에 붙어 있는 기생충을 깨끗하게 먹어 치워 줘요. (O, X)

05 개미는 나무 또는 버섯과 서로 돕는 ＿＿＿＿＿＿ 관계예요.

06 식충 식물은 곤충을 잡아 영양분을 섭취하는 식물이에요. (○, ×)

07 꽃을 피우는 식물에게는 번식을 위해 동물, 특히 곤충이 필요해요. (○, ×)

08 곤충의 등과 다리에 묻은 꽃가루가 다른 꽃 암술머리에 옮겨 붙는 일을 ＿＿＿＿＿＿라고 해요.

09 곤충과 식물의 관계도 기후 변화에 많은 영향을 받아요. (○, ×)

10 척추동물은 식물의 번식을 도울 수 없어요. (○, ×)

11 여러 동물이 한데 모여 지내는 건 번식에도, 새끼들을 보호하는 데도 큰 도움이 돼요. (○, ×)

12 보초 미어캣은 위험한 일이 생기면 다른 미어캣이 도망칠 수 있도록 울음소리로 주변에 알려요. (O, X)

13 산호의 폴립 안에는 ＿＿＿＿＿＿라 불리는 조류들이 살고 있어요.

14 지의류는 하나의 단일한 생물이 아니라, 조류와 곰팡이가 함께 살아가는 공생체 '균류'예요. (○, ×)

15 심해 생물들은 햇빛을 통해 당분을 만들어 에너지로 사용해요. (○, ×)

16 관벌레는 붉은색 기관으로 박테리아가 좋아하는 가스를 모아 줘요. (○, ×)

17 균류와 식물 뿌리가 공생하는 형태를 _____ 라고 해요.

18 균뿌리를 이루는 균류는 식물의 뿌리 안에만 자리 잡아요. (○, ×)

19 딱총나무는 박테리아 덕분에 꽃의 수분을 도와줄 곤충들을 유인해요. (○, ×)

20 하나의 세포로 이루어진 박테리아는 수많은 생물 안에서 살고 있어요. (○, ×)

21 너무 작아서 눈으로 볼 수 없는 아주 작은 생물을 _____ 이라고 해요.

22 식물이 녹색을 띠는 건 햇빛을 통해 당분과 에너지를 만들어내는 광합성 작용 때문이에요. (○, ×)

23 바이러스는 항상 병을 일으켜요. (○, ×)

24 아무런 대가를 바라지 않고 다른 이를 돕는 것을 _____ 라고 불러요.

25 문화를 통해 이타적 행동이 발전할 수도 있고, 반대로 퇴보할 수도 있어요. (○, ×)

정답
01 핀치　02 ○　03 ○　04 ×　05 공생　06 ○　07 ○　08 꽃가루받이 또는 수분　09 ○
10 ×　11 ○　12 ○　13 갈충조　14 ○　15 ×　16 ○　17 균뿌리　18 ×　19 ○
20 ○　21 미생물　22 ○　23 ×　24 이타주의　25 ○

생태계 공생 관련 단어 풀이

공생: 서로 도우며 함께 사는 일.

찰스 다윈: 영국의 생물학자(1809~1882)로, 남반구를 탐사해 수집한 화석과 생물을 연구하여 생물의 진화를 주장하고, 1858년에 자연 선택에 의하여 새로운 종이 기원한다는 자연 선택설을 발표함.

자연 선택설: 생물의 개체 사이에 생존 경쟁이 일어나며, 환경에 잘 적응하는 개체가 자연 선택되어 진화한다는 학설.

번식: 동물이나 식물의 수가 늘어 널리 퍼져나감.

갈라파고스핀치: 참새목 갈라파고스핀치아과의 조류. 갈라파고스 제도의 여러 섬에 살며, 동일한 계통이면서도 먹이의 종류에 따라 부리가 여러 모양으로 진화함. 찰스 다윈이 발견하여 진화론의 중요한 자료가 되면서 다윈핀치라고도 함.

도식화하다: 사물의 구조, 관계, 변화 상태 따위를 그림이나 양식으로 만듦.

정당화하다: 정당성이 없거나 정당성에 의문이 있는 것을 무엇으로 둘러대어 정당한 것으로 만듦.

표트르 크로폿킨: 제정 러시아의 혁명가이자 지리학자(1842~1921)로, 저서 《상호 부조론》을 통해 상호 부조를 진화를 이끄는 가장 중요한 힘으로 꼽음.

상호 부조: 공동생활에서 개인들끼리 서로 돕는 일. 사회 진화의 근본적 동력이 됨.

상리 공생: 집게와 말미잘, 개미와 진딧물 사이처럼 다른 종류의 생물들이 서로 이익을 주고받으면서 살아가는 관계.

숙주: 기생 생물에게 영양을 공급하는 생물.

은신처: 몸을 숨기는 곳.

순 : 나무의 가지나 풀의 줄기에서 새로 돋아 나온 연한 싹.

균류 : 곰팡이, 효모, 버섯처럼 광합성을 하지 않는 하등 식물을 통틀어 이르는 말. 엽록소가 없어 스스로 양분을 만들지 못하므로 기생이나 부생 생활을 함.

식충 식물 : 벌레잡이 식물. 끈끈이귀개, 통발처럼 잎으로 벌레를 잡아 그 영양분을 취하는 식물.

꽃가루받이 : 수분. 바람, 곤충, 새, 또는 사람의 손에 의해 종자식물에서 수술의 꽃가루가 암술머리에 옮겨 붙는 일.

수술 : 꽃실과 꽃밥 두 부분으로 되어 있는 식물 생식 기관의 하나로, 생식 세포인 꽃가루를 만드는 장소.

암술머리 : 속씨식물에서 암술의 꼭대기에 있어 꽃가루를 받는 부분.

살충제 : 사람이나 가축 또는 농작물에 해가 되는 벌레를 죽이거나 없애는 약.

척추동물 : 개, 닭, 도마뱀처럼 등뼈를 가지고 있는 동물.

소화 기관 : 입, 식도, 위와 같이 동물이 섭취한 영양소를 소화, 흡수하는 작용을 하는 몸 속 기관.

맹금류 : 매, 수리처럼 날카로운 부리와 발톱이 있는 육식성 새들.

번식기 : 동물이 새끼를 치는 시기.

폴립(polyp) : 그리스어로 '많은 다리'라는 뜻. 자포동물의 생활사의 한 시기에 나타나는 체형. 몸은 원통 모양이며 위쪽 끝에 입이 있고, 그 주위에 몇 개의 촉수가 있음. 몸의 아래에는 족반이 있어서 바위 따위에 붙어 생활함.

갈충조 : 산호 체내에서 공생하는 단세포 조류.

조류(藻類) : 하등 은화식물의 한 무리. 물속에 살면서 엽록소로 독립 영양 생활을 함. 뿌리, 줄기, 잎이 구별되지 않고 포자에 의하여 번식하며 꽃이 피지 않음.

공생체 : 공생 생물. 종류가 다르면서 서로 이익을 주며 함께 살아가는 생물.

광합성 : 녹색식물이 빛을 이용하여 이산화탄소와 물로 필요한 영양분을 스스로 만드는 과정.

콘볼루타 로스코펜시스 : 로스코프 벌레로도 불리며, 아주 작은 편평한 몸을 가진 지렁이류 동물. 프랑스 북서 브르타뉴 지방 바닷가에 살며, 몸속 녹조류가 광합성을 할 수 있도록 썰물 때는 축축한 모래 밖으로 나와 햇볕 아래 있다가 물이 들어오면 모래 속으로 들어감.

녹조류 : 해캄, 청각, 파래처럼 엽록소를 가지고 있어 녹색을 띤 조류. 광합성에 의하여 녹말을 만듦.

박테리아 : 세균. 하나의 세포로 이루어진 아주 작은 미생물. 다른 생물체에 기생해 병을 일으키기도 하고 발효나 부패 작용을 하기도 하여 생태계의 물질 순환에 중요한 역할을 함.

균사 : 균류의 몸을 이루는 섬세한 실 모양의 세포. 또는 그런 세포로 된 구조.

기생 : 스스로 생활하지 못하고 다른 종류의 생물을 의지하여 생활하며, 한쪽이 이익을 얻고 다른 쪽이 해를 입고 있는 일. 또는 그런 생활 형태.

엽록체 : 식물 세포 속의 작은 기관으로 광합성이 일어나는 장소.

미토콘드리아 : 진핵 세포 속에 들어 있는 소시지 모양의 알갱이로 세포의 발전소와 같은 역할을 하는 세포 속 작은 기관.

사회 보장 제도 : 출산, 양육, 실업, 은퇴, 장애, 질병, 빈곤, 사망 따위의 어려움에 처한 사회 성원들의 생활을 국가와 지방 자치 단체가 일련의 사회 정책을 통해 해결해 주는 제도.